넓고 넓은 우주에도
아빠가 있단다.
우주에도 아빠가
있나요?

글 이윤진

한양여자대학교에서 문예창작을 공부했습니다.
지금은 동화창작 모임에서 활동하며 어린이들을 위한 책에 글을
쓰고 있습니다. 그동안 쓴 책으로는 <외동 아이를 위한 가치학교>,
<세상에서 가장 멋진 선물>, <동굴 속 생물>,
<가만히 귀 기울이면> 등이 있습니다.

그림 이화

부산대학교에서 시각디자인을 공부했습니다.
어린이를 위한 좋은 동화를 쓰고 그리며 다양한
분야에서 활동하고 있습니다. 그동안 그린 책으로는
<떠나요, 별난 우주 탐험>, <야채별 외계인의 모험>,
<싸이의 과학 대모험>, <에스더의 싸이언스 데이트>,
<판타지 수학 원정대> 등이 있습니다.

감수 정진우

서울대학교 지구과학교육과를 졸업하고
미국 조지아대학교에서 과학교육학 박사 학위를
받았습니다. 현재는 한국교원대학교 지구과학교육과
교수이자 학장을 맡고 있습니다.
그동안 쓴 책으로는 <과학교육론>, <지구과학교육론>
등이 있습니다.

우주와 지구 · 태양계 31 아빠는 멋진 태양별

이윤진 글 · 이화 그림 · 정진우 감수
펴낸곳 (주)아람키즈 | 펴낸이 이소영 | 주소 서울특별시 성동구 성수이로 147, 아이에스비즈타워 2F
고객센터 1644-4521 | 팩스 02-468-5548 | 홈페이지 www.aramkids.co.kr | 출판등록 제2020-000011호
기획 · 편집 · 디자인 (주)아람키즈 하늘땅
ISBN 979-11-6543-540-0 979-11-6543-574-5(세트)

아빠는 멋진 태양별

이윤진 글 · 이화 그림 · 정진우 감수

아람키즈

"넓고 넓은 **우주***에도 아빠가 있을까?
난 아빠가 있어서 무섭지 않은데……."

"우주에도 아빠가 있단다."

“아빠가 누군데요?”
“그건 말이다, 여기를 좀 보렴.”

"저 커다란 태양이야!

태양의 가족은 모두 태양 주위를

빙글빙글 돌고 있단다.

우리 태양의 가족을 만나러 가 볼까?"

"우아, 신난다."

태양

"태양 옆에 있는 건 수성이야.
태양과 가장 가까이 있어서 낮에는 아주 뜨겁단다.
게다가 아주 빠르게 태양 주위를 돌지."

"와, 정말 빨라요."

"앗, 뜨거워!"

"조심하렴!

금성도 수성처럼 굉장히 뜨겁단다."

금성

"흰 구름과 파란 바다가 보이니?
우리가 살고 있는 지구야."

"지구 옆을 도는 건 달이란다.
달은 지구의 좋은 친구지."

화성

"화성엔 커다란 혹이 있어.
그리고 지구의 달과 같은 두 개의 **위성***이 돌고 있지."

"아빠, 저기 바윗덩어리들이 굉장히 많아요.
저것도 태양의 가족이에요?"

"그래, 저건 **소행성***들이란다."

"후유! 겨우 빠져나왔구나."

"이야! 엄청 커요."

"덩치가 제일 큰 목성이야.
목성에선 무시무시한 폭풍이 항상 불고 있단다."

목성

❋ 토성

"토성이구나. 토성은 고리가
아름답고 화려하단다."
"정말 예뻐요."

"누워서 태양 주위를 도는 건 천왕성이야.
그리고 푸른 행성은 해왕성이지."

"여기에선 태양이 아주 작게 보여요."

"태양에서 멀리 떨어져 있기 때문이란다.
그래서 천왕성과 해왕성은 아빠 별이 얼마나 밝고 큰지 잘 모를 거야."

해왕성

지구
태양
수성
금성
화성
토성

"오늘도 태양은 환하게 타오르고 있단다.
따뜻한 열기와 밝은 빛이
모두에게 전해지도록 말이야."

"아빠, 나도 아빠 주위를 돌래요.
아빠는 멋진 태양별이니까요."

신나는 과학놀이

문제 다음 중 태양의 둘레를 돌지 않는 것은 무엇일까요?

① 금성

② 해왕성

③ 달

④ 천왕성

정답은? ① ② ③ ④

문제 태양의 가족들에 대한 이야기 중 **틀린 것**을 고르세요.

① 난 목성이야. 태양에서 두 번째로 가까운 행성으로 태양계에서 가장 작아.

② 난 수성이야. 태양에서 가장 가까운 행성이지.

③ 난 토성이야. 태양에서 여섯 번째로 가까운 행성으로 아름다운 고리가 있어.

④ 난 지구야. 태양에서 세 번째로 가까운 행성으로 생물들이 살고 있어.

정답은? ① ② ③ ④

정답: 3, 1